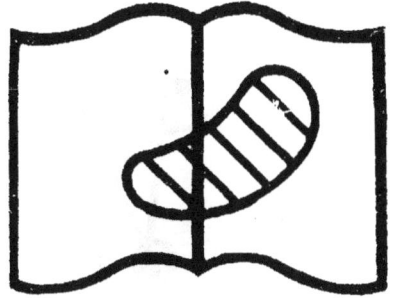

Original en couleur

NF Z 43-120-8

Couverture inférieure manquante

DES RECOURS

POUR EXCÈS DE POUVOIRS

DEVANT LE CONSEIL D'ÉTAT

PAR

M. LÉON AUCOC

PRÉSIDENT DE SECTION AU CONSEIL D'ÉTAT
MEMBRE DE L'INSTITUT.

EXTRAIT DU COMPTE-RENDU
de l'Académie des Sciences morales et politiques
RÉDIGÉ PAR M. CH. VERGÉ,
Sous la direction de M. le Secrétaire perpétuel de l'Académie.

PARIS

1878

DES RECOURS

POUR EXCÈS DE POUVOIRS

DEVANT LE CONSEIL D'ÉTAT.

DES RECOURS

POUR EXCÈS DE POUVOIRS

DEVANT LE CONSEIL D'ÉTAT

PAR

M. LÉON AUCOC

PRÉSIDENT DE SECTION AU CONSEIL D'ÉTAT
MEMBRE DE L'INSTITUT.

PARIS

1878

DES RECOURS

POUR EXCÈS DE POUVOIRS

DEVANT LE CONSEIL D'ÉTAT.

———

Parmi les créations de la jurisprudence du Conseil d'État, il n'en est pas qui soit plus originale et qui nous paraisse mieux mériter d'être mise en relief que l'institution des recours pour excès de pouvoirs.

La nécessité de donner des garanties aux droits des citoyens et d'assurer la marche régulière de l'administration a conduit, il y a longtemps déjà, le Conseil d'État à admettre ces recours sans qu'ils eussent une base dans un texte de loi formel; elle l'a amené à les appliquer en même temps aux décisions des juridictions administratives qui statuaient en dernier ressort, et aux actes de tous les organes de l'administration active, et même, dans certains cas, des conseils électifs; elle l'a entraîné à étendre aussi largement que possible le sens des mots excès de pouvoir pour y comprendre tous les griefs qui sont de nature à être appréciés par un tribunal. Puis cette jurisprudence a été confirmée sur des points isolés par des dispositions réglementaires ou législatives. Enfin la loi du 24 mai 1872, qui a organisé à nouveau le Conseil d'État, a consacré définitivement l'institution dans son ensemble.

Nous avons déjà touché ce sujet dans nos *Conférences sur le droit administratif faites à l'École des ponts et chaussées.* L'Académie connaît ce livre par l'hommage

1

qui lui en a été fait. Mais, depuis la publication du premier volume de cet ouvrage qui remonte à 1869, il est intervenu plusieurs textes de lois nouveaux sur la matière, la jurispudence a dû résoudre des questions délicates, elle a donné lieu à de sérieuses controverses. Le Conseil d'État s'est demandé s'il agirait prudemment en étendant outre mesure son action et en se constituant une juridiction universelle, au détriment de toutes les autres autorités, et cette tendance restrictive a été vivement critiquée. Il y a là matière à une étude approfondie dans laquelle nous avons cherché à exposer les origines, les vicissitudes et l'état actuel de l'institution des recours pour excès de pouvoirs.

I

On sait quelle est l'importance du rôle de la jurisprudence, même dans les matières pour lesquelles le législateur a refondu et classé méthodiquement les règles du droit dans des Codes. Une foule de questions nouvelles sont soulevées tous les jours par des besoins nouveaux, par les passions et les intérêts des plaideurs, par les subtilités des légistes. Le juge, qui ne doit jamais refuser de statuer sous prétexte du silence, de l'obscurité ou de l'insuffisance de la loi, est appelé à trancher toutes ces questions, et la série des précédents judiciaires complète ainsi la loi en l'interprétant et en comblant les lacunes qu'on y a signalées.

Il y a quelques années, dans un congrès de l'association des sciences sociales, fondée à Londres en 1857 par l'initiative de l'illustre lord Brougham, un jurisconsulte

anglais, examinant s'il serait avantageux pour son pays
d'entreprendre la codification des lois, en suivant l'exemple
de la France et de la plupart des autres nations de
l'Europe, déclarait d'abord que, à son avis, ce serait
une œuvre très-difficile à exécuter avec le mécanisme
du régime parlementaire. Mais il ajoutait que ce serait
en outre une œuvre inutile, si l'on devait se borner à
rédiger des travaux aussi restreints que nos Codes : il y
avait cherché vainement, disait-il, la solution de beaucoup de difficultés et ne l'avait rencontrée que dans les
recueils d'arrêts. Pour rendre de véritables services,
selon lui, un Code du droit anglais devrait avoir au moins
dix fois l'étendue des Codes français. S'il en était autre-
ment, les jurisconsultes et les plaideurs anglais préfére-
raient se passer de Code (1).

Nous n'avons pas à discuter ici cette opinion, qui n'é-
tonnera pas les personnes familières avec la rédaction
très-développée des lois anglaises. Nous n'avons pas à
rechercher si, de l'autre côté de la Manche, les plaideurs
seraient sur ce point d'accord avec les jurisconsultes, qui
profitent largement de l'obscurité de la législation et de
la complication des procès. Nous ne la mentionnons que
pour faire ressortir combien l'œuvre de la jurisprudence
est considérable dans les matières civiles, commerciales
et criminelles.

Mais cette œuvre est bien plus considérable encore
dans les matières administratives, pour lesquelles diverses raisons ont empêché et empêcheront peut-être

(1) On peut voir l'analyse et la discussion de ce discours dans le
Bulletin de la Société de législation comparée, année 1874, p. 363
et suiv.

encore longtemps une codification' générale. Les lacunes, les antinomies de lois très-nombreuses et très-
fréquemment modifiées imposent une bien lourde
tâche au juge et particulièrement au Conseil d'É-
tat. Ce grand corps remplit à la fois les fonctions
de juge en premier et dernier ressort dans certaines affaires, celles de Cour d'appel unique à l'égard
de presque toutes les juridictions administratives, enfin
celles de Cour de cassation à l'égard des juridictions qui
statuent en dernier ressort et de toutes les autorités administratives. Or, il est remarquable que les bases
mêmes de ces pouvoirs si étendus ont été posés par la
jurisprudence plutôt que par la loi.

Lorsque le Conseil d'État a été réorganisé au début
de ce siècle, dans des conditions qui permettent de le
rapprocher, à certains égards, du corps qui portait le
même nom sous l'ancienne monarchie, la Constitution
du 22 frimaire an VIII et l'arrêté consulaire du 5 nivôse suivant n'ont pas précisé d'une manière bien nette
les attributions juridiques qui lui étaient conférées. La
Constitution de l'an VIII le chargeait de résoudre, sous
la direction des Consuls, les difficultés qui s'élèvent en
matière administrative; l'arrêté consulaire porte qu'il
prononce sur les affaires contentieuses dont la décision
était précédemment remise aux ministres. Les lois, ordonnances ou décrets postérieurs, jusqu'à la loi du 24
mai 1872, ont toujours employé les mêmes mots très-
vagues de contentieux administratif.

Mais où se trouve la définition du contentieux administratif? A quels caractères le reconnaît-on? Bien des
questions difficiles s'élevaient à ce sujet. Il y a un assez

grand nombre de cas dans lesquels le législateur, en confiant à l'administration le soin d'exécuter les mesures nécessaires pour l'accomplissement des services publics et le pouvoir d'imposer des sacrifices aux citoyens dans l'intérêt général, par exemple, en la chargeant d'asseoir et de recouvrer les impôts, en la chargeant de faire exécuter des routes, des chemins de fer et autres travaux publics, a prévu les réclamations et a décidé qu'elles seraient portées devant une juridiction déterminée, soit de l'ordre administratif, soit même exceptionnellement de l'ordre judiciaire; mais il y a beaucoup de cas où la loi est muette.

Fallait-il, dans le silence de la loi, admettre au Conseil d'État toutes les réclamations quelconques, soulevées par des actes administratifs, et que le législateur n'avait pas expressément renvoyées à un juge? Fallait-il au contraire interdire tout recours dans le cas où le législateur ne l'avait pas permis! En un mot, comment devait-on déterminer le domaine de l'administration active et celui de la juridiction administrative?

D'autre part, pour les affaires qui n'étaient pas attribuées à une juridiction administrative déterminée, était-ce bien au ministre compétent ou au Conseil d'État qu'il appartenait d'en connaître? N'était-ce pas plutôt aux tribunaux de l'ordre judiciaire, surtout lorsqu'il s'agissait d'appliquer les principes qui régissent les contrats et les quasi-contrats, les délits et les quasi-délits? Ici l'on avait à fixer les frontières des deux ordres de juridictions.

C'est là l'œuvre délicate et souvent laborieuse qu'a dû accomplir le Conseil d'État en donnant la définition du contentieux administratif. Nous n'avons pas ici à la développer ; nous en indiquons, en quelques mots, les éléments.

Se fondant sur le principe général de la séparation de l'autorité administrative et de l'autorité judiciaire posé par la première Assemblée constituante dans la loi des 16-24 août 1790 et dans plusieurs autres textes, la jurisprudence a établi une série de règles de compétence sur les cas controversés entre l'administration et les tribunaux de l'ordre judiciaire ; notamment la théorie de l'interprétation des actes administratifs et les règles relatives à la responsabilité de l'État pour les préjudices causés par les actes de ses agents.

D'autre part, c'est avec deux principes généraux fondés sur la nature même des contestations juridiques, que le Conseil d'État a distingué les cas dans lesquels un recours pouvait lui être soumis et ceux dans lesquels il ne lui appartenait pas de contrôler les appréciations des agents de l'administration ou celles de l'autorité gouvernementale. Toutes les fois qu'il a été allégué qu'un droit fondé sur un texte de loi, de règlement ou de contrat était violé par un acte administratif, il a ouvert un recours, alors même que la loi ne l'avait pas expressément autorisé. Il a exigé en même temps, pour que le débat pût avoir une conclusion pratique, que l'acte contesté devant lui fût véritablement de nature à porter actuellement atteinte à un droit et ne fût pas une simple menace, une prétention, une autorisation, sans efficacité immédiate.

Mais il a scrupuleusement respecté le terrain sur lequel le législateur avait voulu laisser à l'administration la liberté de se mouvoir, sous sa responsabilité, sous le contrôle des assemblées politiques, pour l'appréciation des mesures destinées à satisfaire les intérêts généraux ou locaux du pays. Assurément les citoyens subissent parfois un sacrifice pénible, par exemple, dans le cas où l'ouverture d'une voie de communication leur enlève ou morcelle leurs propriétés, et l'indemnité préalable à laquelle ils ont droit peut ne pas les dédommager à leur gré. Néanmoins ils ne sont pas recevables, comme l'a reconnu avec raison la jurisprudence, à faire obstacle à l'exécution d'un travail déclaré d'utilité publique et à contester devant une juridiction l'utilité de ce travail et la convenance du tracé adopté.

Le Conseil a également refusé de connaître des réclamations dirigées contre les actes qui rentraient dans les pouvoirs réservés à l'autorité gouvernementale proprement dite, notamment les faits de guerre et les actes qui se rattachent aux négociations diplomatiques, aux rapports de la France avec les pays étrangers. La nature des pouvoirs exercés en pareil cas ne lui a pas paru comporter un débat juridique.

Voilà de quels éléments s'est formée la théorie du contentieux administratif.

II

La théorie des recours pour excès de pouvoirs est encore plus une création dans le sens propre du mot. Il ne s'agissait plus ici de donner le commentaire d'un texte, il s'agissait à peu près de faire sortir ce texte du néant et l'on y a réussi.

Rien de plus net et de plus précis que l'article 9 de la loi du 24 mai 1872 : « Le Conseil d'État statue souverainement sur les recours en matière contentieuse administrative et sur les demandes d'annulation pour excès de pouvoirs formées contre les actes des diverses autorités administratives. »

Mais la dernière partie de ce texte est toute nouvelle. Les lois antérieures sur l'organisation et les attributions du Conseil ne parlaient que du contentieux administratif. Et cependant la loi de 1872, nous l'avons dit, n'a fait que consacrer une très-longue jurisprudence.

L'autorité du Conseil d'État en matière de contentieux administratif ne suffisait pas en effet pour protéger les citoyens contre certaines illégalités commises par les autorités administratives. On n'a compris sous cette dénomination que les affaires dans lesquelles le Conseil d'État peut réformer les décisions des autorités qui lui sont subordonnées, et substituer une décision à celle qu'il annule, ou prescrire que l'acte attaqué soit modifié dans le sens qu'il détermine. Il en est ainsi quand il réforme un décret qui liquidait la pension d'un fonctionnaire, ou bien la décision d'un ministre qui réglait le décompte d'un fournisseur, ou bien encore un arrêté de Conseil de préfecture qui fixe l'indemnité due à un particulier pour le dommage que lui a causé l'exécution d'un travail public.

Mais il y a un grand nombre d'actes des agents de l'administration : des permissions, des règlements de police, qui, par leur nature, ne comportent pas un contrôle analogue à celui d'un juge d'appel. On ne pourrait pas admettre qu'une juridiction quelconque remplaçât ces actes par un acte différent; mais on comprend qu'une juridiction peut et doit être appelée à les annuler, comme fait la Cour de cassation à l'égard des décisions judiciaires, quand ils contreviennent à la loi, surtout quand ils sont entachés d'incompétence ou d'excès de pouvoirs. On comprend aussi la nécessité d'un recours semblable à l'égard des juridictions administratives, (le nombre en est d'ailleurs très-restreint), qui statuent en dernier ressort.

Comment le Conseil d'État a-t-il pu donner satisfaction à ce besoin? Comment la jurisprudence s'est-elle établie, quelle est la base sur laquelle elle s'était fondée en attendant que la loi de 1872 vînt la consacrer?

Pour le comprendre, il faut se rappeler ce qu'a été, depuis l'an VIII, la constitution de la juridiction administrative suprême.

Depuis le rétablissement du Conseil d'État en l'an VIII jusqu'à 1872, sauf pendant un intervalle de trois ans, de 1849 à 1852, la législation n'a appelé le Conseil qu'à donner un avis en matière d'administration contentieuse comme en matière d'administration pure. C'était le chef de l'État qui exerçait la juridiction administrative suprême, en donnant son approbation aux projets de décision qui lui étaient présentés. La question avait été posée sous l'empire de la constitution de l'an VIII, elle avait été discutée au tribunat et résolue en ce sens à la séance du 12 nivôse an IX. Ce mode de procéder a été vivement critiqué, dès les premiers temps de la Restauration, par des hommes qui comptent au nombre des fondateurs de la science du droit administratif, M. de Cormenin et M. Macarel. En 1818, dans son ouvrage intitulé : *Du Conseil d'Etat envisagé comme conseil et comme juridiction*, M. de Cormenin demandait l'institution d'une Cour de justice administrative spéciale, distincte du Conseil d'État. M. Macarel soutenait la même opinion dans ses *Tribunaux administratifs*, et il est remarquable qu'à la même époque M. Henrion de Pansey, qui personnifiait si bien la Cour de cassation, combattait, dans son *Traité de l'autorité judiciaire*, ces propositions qui lui paraissaient compromettre les prérogatives du pouvoir exécutif. Sous la monarchie de juillet, dans les longues discussions auxquelles a donné lieu, de 1833 à 1845, la loi sur le Conseil d'État, le système d'une juridiction propre attribuée au Conseil a été énergiquement soutenu dans la Chambre des Députés. Deux commissions, qui avaient pour organes MM. Vatout et Dalloz, l'avaient adopté en 1837 et 1840. M. Vivien lui donnait l'appui de son autorité en le défendant dans ses *Études administratives*, qui attirèrent si vivement l'attention du public et lui méritèrent bientôt les suffrages de l'Académie des sciences morales et politiques.

C'est à une faible majorité que la Chambre des députés consacra enfin la tradition en vertu de laquelle, suivant une expression empruntée au langage d'avant 1789, la juridiction administrative suprême était *retenue* et non *déléguée* par le chef de l'État. La loi de 1845 exigeait seulement que, dans le cas où le Gouvernement statuerait contrairement à l'avis du Conseil d'État, la décision fût rendue de l'avis du Conseil des Ministres, et insérée au *Moniteur* et au *Bulletin des lois*.

On justifiait la théorie de la *justice retenue* en soutenant qu'il y aurait des dangers pour la liberté de l'administration, sans laquelle sa responsabilité n'existerait plus, à ce qu'un corps placé au centre du pays contrôlât, au point de vue légal, les actes de toutes les autorités administratives, y compris le chef de l'État lui-même. On pensait que le chef de l'État seul pouvait remplir cette mission. Seulement, on avait institué des garanties pour les particuliers, en l'obligeant à prendre l'avis d'un Conseil composé d'hommes expérimentés, assez mêlés au mouvement des affaires administratives pour en bien comprendre les besoins, assez désintéressés dans cette action pour pouvoir être impartiaux et qui, à partir de 1831, statuaient dans les mêmes conditions que les tribunaux de l'ordre judiciaire, après avoir entendu en audience publique les avocats des parties et le ministère public. Du reste, il n'y avait là qu'une théorie, une fiction constitutionnelle. Dans la pratique, jamais le chef de l'État n'a pris un décret contraire à celui qui lui était proposé. Nous ne connaissons que deux affaires dans lesquelles la décision proposée par le Conseil d'État n'ait pas été approuvée. Encore ne s'est-il produit qu'un retard de quelques années dans l'approbation (1). Ce n'est pas que les solu-

(1) Sous la monarchie de Juillet, en 1840, le roi refusa de signer un projet de décision sur une instance engagée par la liste civile contre des propriétaires qui prétendaient avoir, en vertu de ventes nationales, des droits de vue, d'accès et d'égout sur le bois de Vincennes. La décision était favorable au fond à la liste civile; mais le conseil avait admis que le ministre des finances avait le droit d'intervenir, à titre de représentant du domaine de l'État, dans cette instance, tandis que l'intendant général de la liste civile soutenait

tions données par le Conseil aient toujours été conformes aux désirs de l'administration. Il y a eu un nombre considérable de décisions ministérielles annulées, et même d'ordonnances royales et de décrets impériaux rapportés sur l'avis du Conseil d'Etat.

Mais on sentait qu'il n'était pas possible que, lorsqu'une décision sur un procès avait été préparée par des magistrats qui avaient examiné les pièces et entendu les observations orales des parties et du ministère public, une autre solution fût substituée, sur le rapport d'un Ministre, à celle qu'avait adoptée le Conseil d'Etat. Aussi l'usage s'était-il établi depuis longtemps d'appeler arrêts du Conseil les décisions prises par le Souverain sur la proposition du Conseil d'Etat délibérant au contentieux.

Le système contraire n'a été établi que par la loi du 3 mars 1849, sur le rapport de M. Vivien et, après avoir disparu de 1852 à 1872, il a été consacré de nouveau par la loi du 24 mai 1872 qui donne au Conseil d'Etat les pouvoirs d'une juridiction souveraine. Le législateur a pensé que le droit, réservé au chef de l'Etat, de signer les décisions rendues en matière contentieuse, ser-

qu'il avait seul qualité pour plaider. La législation sur la liste civile ayant été modifiée sur ce point après 1852, l'affaire a été reprise et jugée à nouveau le 18 août 1856.

Un fait analogue s'est produit pour un projet de décision adopté en 1852 par le Conseil d'État et qui faisait droit à deux demandes que des magistrats de la Cour de cassation, suspendus au mois de mars 1848 et réintégrés dans leurs fonctions le 10 août 1849, avaient formées à l'effet d'obtenir le paiement de leur traitement pendant la durée de la suspension. Le décret qui approuve la décision du conseil n'a été signé que le 4 mai 1861.

vait de prétexte à des critiques injustes contre la juridiction administrative, sans avoir des avantages prati-
ques. Il a cru que la juridiction propre exercée par les
membres du Conseil d'Etat, que leurs autres fonctions
tiennent au courant des nécessités permanentes de l'administration et de ses difficultés passagères, offrait les
garanties nécessaires aux justiciables et ne faisait courir aucun risque à l'intérêt public.

Mais c'est précisément la fiction constitutionnelle d'une
juridiction exercée par le Souverain qui a permis au
Conseil de créer le recours pour excès de pouvoirs et
de lui donner tous les développements que nous allons
signaler. Parlant au nom du Souverain, chef de tous les
agents de l'administration, assuré que ses décisions ne
rencontreraient aucune résistance quand elles auraient
été approuvées, il n'en a eu que plus de hardiesse pour
protéger les droits des citoyens, et il a, par cela même,
rendu les plus grands services à l'administration.

Il y a des phases bien diverses dans la jurisprudence
que nous étudions. Au début la théorie se borne à un
recours direct contre les arrêtés des Préfets qui sont
attaqués pour incompétence, parce qu'ils ont empiété
sur les pouvoirs des Tribunaux de l'ordre judiciaire, ou
des juridictions administratives placées à côté ou au-
dessus d'eux, les Conseils de préfecture et les ministres.
On trouve une dizaine de décisions de cette nature
rendues sous le Consulat et l'Empire et la plupart ont
été insérées au *Bulletin des Lois*, non pas pour leur
donner force de loi, mais pour éclairer les fonction-
naires sur la marche qu'ils devraient suivre dans des
circonstances analogues.

Sous la Restauration, le nombre des décisions de la même nature n'est pas très-considérable; mais il y en a deux qui ont une grande importance. La première est une ordonnance du 28 novembre 1818, rendue sur un pourvoi formé contre un arrêté de Préfet relatif à un moulin vendu nationalement et dans laquelle la théorie est écrite pour la première fois en ces termes : « C'est devant nous et en notre Conseil d'Etat que doivent être déférés les actes administratifs attaqués pour incompétence et excès de pouvoirs. »

Mais les auteurs qui ont commenté la jurisprudence de cette époque, M. Macarel dans ses *Éléments de jurisprudence administrative* publiés en 1818, M. de Cormenin, dans les premières éditions de ses *Questions de droit administratif* qui datent de 1822 et de 1823, n'osent pas encore généraliser la doctrine. Ils rappellent même qu'on peut attaquer les arrêtés des Préfets soit devant le Ministre que la matière concerne, soit directement devant le Conseil d'État. C'est seulement dans la 3e édition des *Questions de droit administratif* publiée en 1826 que M. de Cormenin se montre plus hardi. Exposant les attributions du Conseil, il place dans une première section les conflits et règlements de compétence et dans la seconde les affaires contentieuses, et c'est à l'occasion de la première série d'attributions qu'il indique que le Conseil d'État délibère..... 3o sur les pourvois formés pour cause d'incompétence ou d'excès de pouvoirs contre les actes des autorités administratives (1). Toutefois il ne justifie la jurisprudence qu'en citant les précédents et en donnant

(1) Tome 1er, page 30.

cette raison générale que le Conseil d'État « a le règlement des compétences et qu'il est le vengeur des juridictions violées (1). »

En 1829, le Conseil d'État fut amené à faire un nouveau pas dans la voie qu'il s'était tracée. Il s'agissait de savoir si les décisions du jury de révision institué pour le recrutement de l'armée, en vertu de la loi du 10 mars 1818, pouvaient être l'objet d'un pourvoi devant le Conseil. D'après l'article 13 de la loi, ces décisions étaient définitives. Mais ne devait-on pas admettre les recours en cas d'incompétence, d'excès de pouvoirs et même de violation de la loi ? La question avait été débattue sur la demande du ministre de la guerre, au lendemain de la promulgation de la loi de 1818. Un avis des comités de la guerre et de législation réunis, en date du 19 avril 1819, s'était prononcé pour l'affirmative. Il n'invoquait aucun texte ; mais il se fondait sur les principes généraux, d'après lesquels les décisions d'un tribunal ne sont définitives que dans les limites de sa compétence. et qu'autant qu'il a respecté la loi. Il faisait valoir que la loi du 16 septembre 1807 avait autorisé des recours pour violation des formes et de la loi contre les arrêts de la Cour des comptes. Mais un avis de l'Assemblée générale du Conseil, en date du 27 juillet 1820, avait repoussé cette opinion et déclaré qu'aucun recours n'était admissible tant que la loi ne serait pas modifiée.

Cependant, quelques années après, le Conseil d'État était saisi d'un pourvoi formé dans des circonstances qui le forçaient à revenir sur l'avis de 1820. Un Conseil de

(1) Tome Ier, page 167.

révision avait exempté un jeune homme du service militaire pour cause de bégaiement, infirmité reconnue et constatée contradictoirement en présence des jeunes gens de sa classe. Dix jours après, sur la réclamation du maire de la commune, il rapportait sa décision et déclarait le jeune homme bon pour le service. Le Conseil d'État jugea, le 21 janvier 1829, qu'en rapportant sa décision qui était définitive, le Conseil de révision avait excédé ses pouvoirs. M. Macarel, en reproduisant cet arrêt du Conseil dans son *Recueil des arrêts*, indique en note que ce point a été longuement débattu devant le Conseil d'État; « il nous semble, » ajoute-t-il, que la solution adoptée (et que la force des choses a produite) est protectrice des intérêts privés. »

Telles sont les bases du recours pour excès de pouvoirs á ses débuts : la force des choses, la nécessité de protéger les intérêts privés.

Le Conseil d'État du gouvernement de Juillet ne pouvait manquer de confirmer cette jurisprudence libérale, mais il fallait lui trouver une base dans un texte de loi. L'ordonnance du 2 février 1831 avait établi la publicité des séances, les doctrines allaient être discutées par les avocats, par le ministère public; il ne suffisait plus d'affirmer le droit du Conseil, les preuves étaient devenues nécessaires.

La question se représenta à l'occasion des réclamations que soulevaient les décisions du jury de révision de la garde nationale. La loi du 22 mars 1831 portait que ces jurys statuaient sans recours. Le Conseil d'État jugea, le 15 juillet 1832, que ces décisions pouvaient donner lieu à un recours pour incompétence ou excès de pouvoirs. Il avait d'abord ajouté que ces recours ne pouvaient être introduits que sur le rapport d'un ministre, mais il abandonna bientôt cette restriction. Quant au texte qui pouvait servir de base à la jurisprudence et prévaloir même sur les lois qui attribuaient un caractère définitif à des décisions de juridictions spéciales, on le trouva dans la loi des 7-14 octobre 1790, d'après laquelle les recours pour incompétence à l'égard des corps administratifs sont portés au roi, chef de l'administration générale.

Qu'est-ce que ce texte qui a été, depuis 1832, si fréquemment cité, qui est encore cité dans les arrêts du Conseil? C'est un décret rendu par l'Assemblée constituante, à propos d'une difficulté, qui s'était élevée entre le directoire du département de la Haute-Saône et la municipalité de Gray, au sujet des pouvoirs du directoire en matière d'alignement, dans les rues de la ville servant de grandes routes. Cette difficulté avait été portée par la municipalité, qui se prétendait seule compétente, devant le bailliage de Gray. L'Assemblée nationale, après avoir entendu son comité de constitution, proclama : 1° que l'administration en matière de grande voirie attribuée aux corps administratifs, par l'article 6 du décret des 6-7 septembre 1790 comprend, dans toute l'étendue du royaume, l'alignement des rues des villes, bourgs et villages qui servent de grandes routes ; 2° qu'aucun administrateur ne peut être traduit devant les tribunaux, pour raison de ses fonctions publiques, à moins qu'il n'y ait été renvoyé par l'autorité supérieure, conformément aux lois ; 3° que les réclamations d'incompétence à l'égard des corps administratifs ne sont, en aucun cas, du ressort des tribunaux ; qu'elles seront portées au roi, chef de l'administration générale, et que, dans le cas où l'on prétendrait que les ministres de Sa Majesté auraient fait rendre une décision contraire aux lois, les plaintes seront adressées au corps législatif. Ce décret se termine ainsi : « Le roi sera prié de donner les ordres nécessaires pour l'exécution des différentes parties de ce décret, et l'apport de la procédure commencée au bailliage de Gray, à l'occasion de l'une des traversés de cette ville, pour être sur ladite procédure statué ce qu'il appartiendra. »

Il est facile d'apercevoir que, dans ce texte, le Conseil d'État n'est pas mentionné. Le Conseil d'État de l'ancienne monarchie, réorganisé par diverses ordonnances de Louis XVI, notamment par un règlement du 9 août 1789, qui avait créé un comité contentieux des départements, existait encore au mois d'octobre 1790 ; mais l'Assemblée constituante avait résolu de le supprimer et elle le supprima en effet bientôt. La loi du 1er décembre 1790 remplaça le Conseil des parties par le tribunal de cassation, et la loi des 27 avril-25 mai 1791 donna le nom de Conseil d'État au Conseil des ministres réuni sous la présidence du roi. Aurait-on pu invoquer l'article 15 de cette dernière loi, d'après lequel la discussion des motifs qui peuvent nécessiter l'annulation des actes irréguliers des corps administratifs rentre dans les fonctions du Conseil d'État ? Le savant M. de Gérando (c'est encore un nom que l'Académie aimera à entendre rappeler), semble l'avoir pensé. Il rapporte ce texte dans ses *Institutes de droit administratif* publiées en 1829 (1). Mais aurait-on été bien fondé à revendiquer pour le Conseil d'État, organisé à titre de corps auxiliaire du gouvernement, les attributions d'un Conseil des ministres à qui le législateur avait voulu enlever tout auxiliaire pour la préparation des lois, des mesures de gouvernement et d'administration ? La loi des 7-14 octobre 1790 a dû être préférée à la loi de 1791.

Peut-être remarquera-t-on aussi que la loi des 7-14 octobre 1790 ne parle que de l'incompétence, et ne mentionne pas les excès de pouvoirs. L'observation a été faite par M. de Cormenin, en 1845, à une époque où il ne participait plus aux travaux du Conseil d'État (2). Et cela n'est pas sans importance, car on verra bientôt comme le sens des mots excès de pouvoirs a été élargi. Mais les deux mots étaient déjà indissolublement liés dans les précédents du Conseil d'État. La loi des 7-14 octobre couvrit toute la jurisprudence de son autorité.

Les recours se multipliaient. La question se présenta de nouveau en 1837 pour les Conseils de révision institués en vue du recrutement de l'armée de terre. La loi du 21 mars 1832, comme celle du 10 mars 1818, portait que les décisions de ces conseils étaient définitives. Le Conseil d'État se prononça à l'égard des décisions des conseils de révision de l'armée, comme il avait fait pour celles des jurys de révision de la garde nationale (3). Bientôt la loi du 17 juillet 1837, spéciale au jury de

(1) Tome Ier, page 278.
(2) *Droit administratif*, 5e édition, tome Ier, p. 208 et 209.
(3) Arrêt du 10 mai 1837 *(Terscher)*.

révision de la garde nationale de la Seine, autorisa expressément, dans son article 26, le recours au Conseil d'État pour incompétence, excès de pouvoirs et même pour violation de la loi.

C'était un commencement de consécration législative pour la jurisprudence. Plusieurs projets de loi sur le Conseil d'État, présentés de 1833 à 1845 à la Chambre des pairs et à la Chambre des députés (le premier date du 15 mai 1833), la consacraient définitivement. Dans l'énumération des attributions du Conseil ces projets faisaient figurer « les recours dirigés pour incompé- « tence et excès de pouvoirs contre les décisions des au- « torités administratives, » et ils ajoutaient « les re- « cours pour violation des formes et de la loi contre « les décisions administratives rendues en dernier res- « sort en matière contentieuse. » Cette partie du projet avait été adoptée sans contestation par la Chambre des Pairs ; elle avait également été adoptée par toutes les commissions de la Chambre des Députés, même par celles dont M. Vatout et M. Dalloz étaient les organes et qui proposaient de donner au Conseil d'Etat, en matière contentieuse, un pouvoir de juridiction propre. La loi de 1790 était considérée par les rapporteurs, notamment par M. Dalloz, comme la base de ces recours que l'on entendait maintenir.

C'est au dernier moment de la discussion, en 1845, que toute énumération des attributions administratives ou contentieuses fut supprimée, sur un amendement de M. Odilon Barrot, qui ne pensait pas alors qu'il passerait les dernières années ds sa longue carrière à la tête du Conseil d'Etat. L'amendement avait pour but d'éviter une discussion au sujet de l'autorisation des poursuites dirigées contre les agents du Gouvernement, qui avait donné lieu à de grands débats en 1835. Mais le rapporteur, en acceptant l'amendement au nom de la Commission, déclara qu'il était bien entendu que la formule générale, qu'on employait pour désigner les affaires contentieuses sur lesquelles le Conseil d'Etat était appelé à statuer, comprenait toutes les affaires dont le Comité du Contentieux était saisi dans la pratique. En somme, la jurisprudence avait reçu une confirmation qui garantissait de nouveaux progrès.

A partir de 1839, le Conseil d'Etat arrive en effet à décider que les actes des conseils généraux des départements, corps électifs, sont soumis à son contrôle, en cas d'excès de pouvoirs, pour les matières où ces conseils ont une autorité propre, par exemple le classement des chemins vicinaux de grande communication (1).

Toute cette jurisprudence est mise en relief dans les comptes-rendus quinquennaux des travaux du Conseil d'État, rédigés sous la direction de M. Vivien depuis 1835, et qui sont d'autant plus précieux aujourd'hui que l'abominable incendie du palais du quai d'Orsay en 1871 a fait disparaître presque tous les monuments de ces travaux si considérables qui n'avaient pas été imprimés.

La loi du 3 mars 1849 ne modifia pas sur ce point les traditions. Elle ajoutait seulement au recours des citoyens, sur lesquels elle ne s'expliquait pas, un droit de recours ouvert au Ministre de la Justice contre les

_____

(1) Arr., 3 mai 1839, *(commune de Montgaroult)* — 19 février 1840 *(ville de Saint-Étienne)*, etc.

actes administratifs contraires à la loi (article 43),
mais ce système ne fut pas mis en pratique. Le Conseil
d'État de cette époque ne paraît avoir eu aucun scrupule à appliquer la loi des 7-14 octobre 1790, bien
qu'il l'ait fait avec une certaine réserve (1).

C'est surtout à partir de 1852 que les recours pour
excès de pouvoir prirent un développement considérable. L'origine de ce développement se trouve dans le décret du 25 mars 1852, dit de décentralisation administrative. Ce décret attribuait aux préfets le droit de statuer sur un très-grand nombre d'affaires ressortissant à
différents ministères et qui, jusque-là, étaient résolues,
soit par des décrets rendus après avis du Conseil d'État,
soit par des décisions ministérielles.

Le mot de décentralisation appliqué à cette mesure
était-il exact? Nous faisons en passant nos réserves à cet
égard. Donner à un agent du pouvoir central, dans les
fractions du territoire, les attributions du chef de l'État
ou de ses ministres, qui conservent d'ailleurs le droit de
le contrôler, ce n'est pas décentraliser, c'est supprimer
la concentration des affaires dans la capitale. Il n'y a, ce
nous semble, de décentralisation que dans l'attribution
de pouvoirs propres aux autorités électives chargées

(1) Un arrêt du 16 mars 1850 (commune de Tagnon) annule,
pour violation des formes prescrites par la loi du 21 mai 1836, une
délibération de conseil général qui désignait les communes inté-
ressées à un chemin vicinal de grande communication. Mais un arrêt
du 21 juillet 1849 (Lefevre et consorts) déclare non recevable un
recours contre un arrêté de préfet ordonnant le renouvellement
d'un conseil de fabrique en dehors des cas prévus par la loi. Le
Conseil d'État est revenu plus tard sur cette doctrine par un arrêt
du 27 mai 1863 (fabrique de Blensasque).

d'administrer les intérêts locaux ; c'est ce qu'ont fait les lois de 1866 et de 1871 sur les Conseils généraux. Quoi qu'il en soit, ce décret dit de décentralisation (nous n'oserions dans cette enceinte risquer le mot de *déconcentration*) pouvait faire espérer aux intéressés une solution plus prompte de leurs affaires ; mais il leur enlevait la garantie d'un examen fait par les bureaux des ministères, plus éclairés que ceux des préfectures, et par les Comités du Conseil d'État. La statistique des travaux du Conseil, publiée en 1862, constate que, pendant la période de neuf années comprise entre 1852 et 1861, le nombre moyen des affaires soumises au Conseil d'État, en ce qui concerne les départements, les communes et les établissements de bienfaisance, était de 2,624, tandis que, de 1840 à 1844, il avait été de 5,936. On voit l'importance de ce déplacement d'attributions.

Les parties qui se trouvaient lésées par les décisions des préfets cherchaient à retrouver dans un recours pour excès de pouvoirs les avantages du contrôle que le Conseil d'État exerçait antérieurement sur les décisions administratives. De nombreuses difficultés s'élevèrent surtout au sujet des arrêtés préfectoraux qui réglaient le curage des cours d'eau non navigables ni flottables et le régime des usines établies sur ces cours d'eau.

Ces recours méritaient une certaine faveur, et furent accueillis assez largement. Puis le Conseil d'État se trouva saisi de questions qui lui avaient été soumises antérieurement et qu'il avait refusé de comprendre parmi celles qui donnaient ouverture à une réclamation par la voie contentieuse. On les lui représentait au point de vue de l'excès de pouvoir ; il trouva légitime de donner cette garantie

aux administrés. C'est ce qui se produisit pour les difficultés relatives à la délimitation du lit des cours d'eau
navigables et flottables et du rivage de la mer (1).

Quelquefois le Conseil d'État était préoccupé de la
nouveauté des questions qui lui étaient soumises ; nous
avons gardé le souvenir d'une vive controverse à laquelle
nous avons pris part en qualité de Commissaire du gouvernement et qui portait sur le point de savoir si l'on
pouvait déférer au Conseil d'État un arrêté de Préfet qui
refusait un permis de chasse en dehors des cas d'exclu-
sion prévus par la loi du 3 mai 1844 (2). Néanmoins on
marchait toujours en avant. En 1864, invité par le gouvernement à rechercher quelles réformes pouvaient être
introduites dans la législation, le Conseil proposa et fit
adopter, malgré certaines résistances, un décret régle-
mentaire qui dispensait les parties du ministère des avocats et des frais qu'il entraîne pour les recours formés
en vertu de la loi des 7-14 octobre 1790.

Si l'on recherche, dans les statistiques des travaux du
Conseil d'État de cette époque, la nature des décisions qui
ont été l'objet de recours pour excès de pouvoirs, on y voit
figurer un grand nombre d'arrêtés de préfets (de 1861 à
1865 il y en a 228), des arrêtés de maires, des délibérations
de Conseils généraux et de Conseils municipaux dans les cas
où ces Conseils exerçaient un pouvoir propre, des décisions

(1) Il faut rapprocher les arrêts du 4 avril 1845 *(Barsalon)* et
31 mars 1847 *(Balias de Soubran)* qui repoussaient tout recours,
des arrêts du 19 juillet 1860 *(port de Bercy)* — 23 mai 1861
(Coquart) — 3 décembre 1863 *(Meurillon)* — 12 décembre 1866
(Follin), etc.

(2) Arrêt du 13 mars 1867 *(Bizet)*.

prises par les Conseils de révision pour le recrutement de l'armée dé terre, par des jurys de révision pour la garde nationale, par les Conseils académiques et aussi des décisions du Conseil supérieur de l'Instruction publique.

On voit comment s'est étendue l'autorité du Conseil; mais nul ne songeait à la lui contester en voyant l'usage qu'il en faisait. Nous n'avons trouvé de critiques à cet égard que dans un article publié par la *Gazette des Tribunaux*, le 19 octobre 1864, quelques jours avant le décret du 2 novembre, qui admettait le pourvoi sans frais ; et cette réclamation tardive contre l'application de la loi de 1790 est restée sans écho (1).

Après la révolution de 1870, la juridiction administrative fut assez vivement attaquée dans la commission de décentralisation qu'avait instituée l'Assemblée nationale ; on y avait proposé la suppression des conseils de préfecture. Néanmoins cette même commission n'hésita pas à proposer d'introduire dans l'article 88 de la loi du 10 août 1871, sur les Conseils généraux, un recours sans frais devant le Conseil d'État, pour excès de pouvoirs ou pour violation de la loi ou d'un règlement d'administration publique, contre les décisions prises par les commissions départementales dans une série d'affaires où elles remplaçaient désormais les Préfets. Ce recours, ouvert aux parties, ne préjudicie pas au contrôle exercé par le gouvernement, dans la forme administrative, sur les délibérations de ces mêmes autorités. Et les parties ont assez largement usé de cette faculté, car

(1) Cet article, écrit par M. des Cilleuls, aujourd'hui chef de division à la préfecture de la Seine, avait pour but d'empêcher les recours directs devant le Conseil d'État contre les arrêtés des préfets.

il résulte des renseignements qui nous ont été communiqués que, de 1873 à 1877, sur un total de 469 recours pour excès de pouvoirs, il y en a 79 qui ont été formés contre des décisions de Conseils généraux et de commissions départementales.

D'autre part, la loi du 27 juillet 1872, sur le recrutement de l'armée, autorise expressément, dans son article 30, les recours pour incompétence et excès de pouvoirs contre les décisions du conseil de révision.

C'est aussi sans aucune difficulté que la loi du 24 mai 1872 a maintenu au Conseil d'État, d'une manière générale, le droit de statuer sur les recours pour excès de pouvoirs contre les décisions des diverses autorités administratives. Il n'était pas inutile qu'elle fût formelle à cet égard ; car on a vu que, d'après cette loi, le Conseil n'est plus, en matière contentieuse, l'auxiliaire du chef de l'État et qu'il rend des décisions souveraines. Il aurait donc eu peut-être quelque peine à invoquer encore la loi des 7-14 octobre 1790, qui donne des attributions au roi, chef de l'administration générale. Désormais, l'autorité du Conseil d'État en pareille matière est fondée sur un texte spécial qui la met à l'abri de toute contestation.

III

Dans la première partie de ce mémoire, nous avons exposé comment s'était formée la jurisprudence du Conseil d'État relative aux recours pour excès de pouvoirs, qui a été consacrée par la loi du 24 mai 1872. On a vu que le Conseil a l'autorité d'une cour de cassation à l'égard de toutes les juridictions administratives qui statuent en dernier ressort, de tous les agents de l'administration et même des conseils électifs.

Mais quelle est la portée de ce recours? Quel est le sens des mots excès de pouvoirs? Ici nous avons à signaler un travail aussi ingénieux, aussi hardi, aussi utile que celui qui a créé le recours lui-même.

En matière judiciaire, le pourvoi en cassation peut être motivé par l'excès de pouvoirs, l'incompétence, la violation des formes, la violation de la loi. Le Conseil d'État n'avait qu'un seul mot à sa disposition, l'excès de pouvoirs. Mais il en a fait sortir pour lui un droit de contrôle d'une étendue presque égale.

Les dispositions des lois qui ont ouvert des recours pour excès de pouvoirs en matière judiciaire, ont un sens énergiquement restrictif.

Ainsi, pour en citer deux exemples assez saillants, l'article 80 de la loi du 27 ventôse an VIII donne au gouvernement, par l'organe du procureur général, le droit de déférer à la Cour de cassation les actes par lesquels les juges auront excédé leurs pouvoirs. D'autre part, l'article 15 de la loi du 25 mai 1838 porte que les jugements rendus par les juges de paix en dernier ressort ne pourront être attaqués par la voie du recours en cassation que pour excès de pouvoirs. Henrion de Pansey, dans son savant *Traité de l'autorité judiciaire*, écrit qu'il n'y a excès de pouvoirs que dans le cas où « le juge, franchissant les limites de l'autorité judiciaire, se porte dans le domaine d'un autre pouvoir (1). » Cette doctrine n'a jamais été consacrée d'une manière com-

(1) Chapitre XXXIII.

plète. Ainsi plusieurs arrêts ont annulé, comme en-
tachées d'excès de pouvoirs, des décisions de tribunaux
civils jugeant en matière commerciale, qui, afin de se
rapprocher plus complètement des tribunaux de commerce, refusaient d'admettre le ministère public à donner des conclusions, comme il a le droit de le faire dans
toutes les contestations soumises à ces tribunaux (1).
D'autres ont annulé des décisions qui protestaient contre la jurisprudence de la Cour de cassation tout en s'y
soumettant (2). Il s'agit bien là de décisions rendues
dans l'exercice de l'autorité judiciaire, mais ce sont des
faits d'une gravité exceptionnelle. Il est certain que, à
l'égard des juges de paix, l'excès de pouvoirs ne s'en-
tend que de l'infraction par laquelle le juge, sortant de
ses attributions, troublerait l'ordre des juridictions et
porterait atteinte à des principes d'ordre public que
toutes les autorités sont tenues de respecter. Ni la violation de la loi, ni le défaut de motifs, ni l'omission des
formalités substantielles pour les jugements, ni l'ad-
mission d'une opposition formée contre un jugement
contradictoire, ni l'empiétement sur les pouvoirs du
tribunal d'arrondissement, qui donne d'ailleurs ouverture à l'appel, n'autoriseraient un semblable recours (3).

Cette définition restrictive est parfaitement conforme
à l'intention du législateur. En ce qui touche spéciale-

---

(1) Arrêts du 21 avril 1846 (*tribunal de Pontoise* et *tribunal
d'Arcis-sur-Aube*), 15 juillet 1846 (*tribunal de Jonzac*).

(2) Arrêts du 7 juillet 1847 (*cour de Nancy*), 5 avril 1848
(*tribunal de Jonzac*).

(3) Arr. du 14 août 1865 (*octroi d'Agen*), du 10 février 1868 (*Leroy*),
du 29 juillet 1869 (*Normand*), du 31 janvier 1870 (*Beauvineau*), etc.

ment les décisions des juges de paix, la discussion de la loi du 25 mai 1838 établit que l'on a cherché à restreindre les pourvois devant la Cour de cassation. Ce grand corps judiciaire n'est pas un degré de juridiction. Il ne doit pas être appelé à intervenir pour corriger toutes les erreurs du juge : il est seulement chargé de veiller au maintien de l'unité de législation, et, quand il s'agit des affaires très-nombreuses, de minime importance, sur lesquelles le juge de paix prononce en dernier ressort, dans les limites de sa compétence, on a pensé que les excès de pouvoirs nettement caractérisés avaient seuls la gravité nécessaire pour motiver un pourvoi devant la Cour de cassation.

La jurisprudence du Conseil d'État a élargi la définition des excès de pouvoirs autant que la jurisprudence de la Cour de cassation l'a restreinte, et elle l'a fait avec juste raison, en s'inspirant des conditions propres dans lesquelles s'exerce l'action administrative, et des règles spéciales établies par le législateur pour les recours devant les juridictions administratives.

Dans l'organisation judiciaire, comme dans l'organisation des juridictions administratives, il existe pour les parties un droit d'appel contre la décision rendue par le juge du premier degré.

Seulement en matière judiciaire, le législateur a craint que la garantie donnée aux plaideurs contre les erreurs ou l'arbitraire du premier juge ne tournât à leur préjudice et ne favorisât des manœuvres qui aboutiraient à retarder indéfiniment la solution des affaires. Quand l'intérêt en litige ne paraît pas valoir les frais d'un nouveau procès, il interdit l'appel. Il y a plus, il frappe d'une amende le plaideur qui a interjeté à tort un appel et si cette amende est légère, en général, elle peut être considérable dans certains cas. Il en est de même à l'égard des pourvois rejetés par la Cour de cassation. Quel que soit le chiffre de l'amende, il y a là un signe des restrictions apportées au droit de recours.

Devant la juridiction administrative, le législateur a procédé tout différemment. Il n'y a qu'un très-petit nombre de juridictions qui statuent en dernier ressort. Presque toutes les affaires soumises au juge du premier degré peuvent être l'objet d'un pourvoi devant le Conseil d'État sur le point de fait, comme sur le point de droit. Jamais la décision n'est définitive, quelque minime que soit le chiffre de l'intérêt engagé dans une affaire. Quant à l'amende édictée contre les recours téméraires, il en reste bien une trace dans le décret du 22 juillet 1806, qui réglemente la procédure devant le Conseil d'État et qui est imité de l'ancienne législation. L'article 49 de ce décret permet notamment de frapper d'une amende les avocats qui présenteraient au Conseil des affaires dont la nature ne comporterait pas l'examen par la voie contentieuse. Mais, depuis 1832, ces dispositions ont presque cessé d'être appliquées.

A partir de cette époque, diverses lois ont au contraire notablement facilité les recours en beaucoup de matières, par la dispense des frais de justice et du ministère des avocats. Le Conseil d'État est saisi par une réclamation écrite sur papier timbré; quelquefois même le papier timbré n'est pas exigé. C'est ce qui se produit pour les réclamations en matière de contributions directes et de diverses taxes assimilées à ces contributions, pour les élections municipales et départementales, pour les contraventions à la police de la grande voirie, et de 1873 à 1877, il a été jugé 3880 affaires introduites dans ces conditions, soit plus de 750 par an (1).

Le législateur a tenu à ce que tous les litiges qui s'élèvent entre un intérêt privé et l'intérêt général puissent être soumis à la juridiction administrative suprême qui est en relations constantes avec le gouvernement.

Si le législateur a été aussi large pour les recours contre les décisions des juridictions administratives, qui offrent aux parties les garanties d'un examen spécial de la question de droit débattue devant elles, ne fallait-il pas être au moins aussi large, quand il s'agissait des recours contre les actes des agents de l'administration? Les organes de l'administration active, chargés de la satisfaction des intérêts publics, sont souvent dominés par la préoccupation du but qu'ils doivent atteindre. Ils ne statuent pas après un examen contradictoire comme les juges. Ils ont donc plus de chances que les juges de blesser, sans le vouloir, les droits des citoyens. Par conséquent, il importe que les citoyens puissent faire réformer les actes dont ils croient avoir à se plaindre. Et il ne suffit pas qu'ils puissent attaquer ces actes devant le supérieur hiérarchique de ces agents, inspiré souvent par les mêmes préoccupations. il faut qu'ils puissent s'adresser à des magistrats qui, sans méconnaître les nécessités de l'action administrative, ont

(1) Pendant la même période, le nombre des décisions rendues sur les affaires introduites par les avocats s'est élevé à 3,055, soit 611 par an.

pour mission de faire toujours observer la loi. D'autre part, le gouvernement, sur qui retombe la responsabilité des fautes de ses agents, a grand intérêt (quel que soit le régime politique), à ce que les plaintes qu'elles soulèvent puissent arriver jusqu'à lui ou jusqu'à la juridiction suprême placée auprès de lui, parce que les griefs les plus minimes peuvent, en se multipliant, amener de graves mécontentements. Il y a là une sorte de soupape de sûreté qui doit être toujours facile à ouvrir.

Guidé par cette pensée, le Conseil d'État a décidé qu'un agent de l'administration commettait un excès de pouvoirs, non-seulement quand il sortait des limites de sa compétence, mais, en outre, quand il ne suivait pas les formes dans lesquelles la loi ou les règlements lui avaient prescrit de prononcer, et encore quand il employait le pouvoir qui lui était donné dans un but différent de celui que le législateur avait eu en vue.

En premier lieu, toute espèce d'incompétence constitue un excès de pouvoirs. Peu importe qu'elle consiste dans l'usurpation du pouvoir législatif, du pouvoir de l'autorité judiciaire, ou dans l'usurpation des fonctions d'une autorité administrative, supérieure ou inférieure à celle qui a fait l'acte attaqué.

L'usurpation du pouvoir législatif doit être un grief rare. Mais ne le trouve-t-on pas dans l'acte d'un préfet qui impose à la propriété privée une servitude que la loi n'a pas autorisée ? On en a plusieurs exemples. Ainsi un arrêté du Préfet du Loiret, pris en vue d'éviter des accidents sur les routes impériales et départementales, avait prescrit en 1866, d'établir les moulins à vent à une certaine distance des routes, et avait défendu de réparer sans autorisation les moulins établis antérieurement à une moindre distance. Il existe d'anciens règlements antérieurs à 1789, applicables à la généralité de Lille et à la province d'Artois, qui contiennent des prohibitions semblables, et qui sont toujours en vigueur, en vertu de la loi des 19-22 juillet 1791. D'après la loi, le maintien de ces actes était provisoire; le provisoire dure encore, parce qu'ils n'ont jamais été remis en question. Mais ces règlements n'ont pas force obligatoire en dehors des territoires pour lesquels ils ont été faits, et aucune disposition de loi n'autorise les Préfets à imposer cette servitude aux propriétaires de moulins dans les autres parties de la France. L'arrêté a été annulé (1).

N'est-ce pas encore usurper le pouvoir législatif, que d'interdire aux propriétaires, riverains des cours d'eau non navigables ni flottables, l'établissement des constructions et des plantations sur un espace de terrain qui serait réservé pour la circulation? Cette servitude de passage n'a été imposée par la législation qu'aux riverains des cours d'eau navigables en vue du halage des bateaux. L'administration n'a pas le pouvoir de l'étendre ainsi; sa prétention a été condamnée (2).

L'usurpation du pouvoir de l'autorité judiciaire a été plusieurs fois réprimée, dans le cas notamment où les Préfets, en fixant le niveau de la retenue des usines établies sur les cours d'eau non navigables ni flottables,

(1) Arr. 9 mai 1866 *(Rouillon)*.

(2) Arr. 15 décembre 1853 *(Galbert et autres)* — 19 mai 1865 *(Daire et autres)*.

3

croyaient pouvoir trancher des contestations relatives aux droits que divers usiniers ou des propriétaires de prairies prétendaient avoir à la jouissance des eaux (1).

Il n'est pas moins irrégulier qu'un Préfet empiète sur les attributions du Chef de l'État, en faisant des règlements pour modifier les anciens usages en matière de curage des cours d'eau, ou en ordonnant l'élargissement du lit de ces cours d'eau qui ne peut être exécuté qu'après une expropriation des riverains. (2).

Le Préfet ne peut pas davantage usurper l'autorité des Maires en matière de police municipale et rurale (3).

L'incompétence est donc un cas d'excès de pouvoirs. Mais ce n'est pas le seul.

Il y a un grand nombre de circonstances, dans lesquelles le législateur, en confiant à divers organes de l'autorité administrative le pouvoir de statuer sur certaines affaires, a cru devoir leur imposer l'obligation de suivre des formes déterminées, d'ouvrir une enquête pour recueillir l'opinion et les réclamations des intéressés, de consulter les Conseils placés auprès d'eux. L'obligation de suivre ces formes est d'autant plus impérieuse pour l'administration, dans les cas où il lui appartient d'apprécier souverainement les mesures à prendre afin de satisfaire le mieux possible l'intérêt public, en blessant le moins possible les intérêts privés ;

---

(1) Arr. 10 mars 1868 (Champy). Il a été rendu beaucoup d'arrêts semblables.

(2) Arr. cons., 12 avril 1866 (Corbière).

(3) Arr. cons., 30 mars 1867 (Leneveu)

car c'est la seule garantie accordée, dans ce cas, aux intérêts privés.

La jurisprudence du Conseil a donc considéré que l'obligation de statuer dans certaines formes était une des conditions, une des limites du pouvoir accordé à un agent de l'administration, et qu'il excédait les limites de son pouvoir en n'observant pas les formes établies par le législateur.

Par exemple, le décret qui déclare qu'un travail est d'utilité publique, décret qui entraînera l'expropriation des terrains nécessaires à l'exécution de ce travail, doit, en vertu de l'article 3 de la loi du 3 mai 1841, être précédé d'une enquête. L'omission de cette formalité entraînerait l'annulation du décret (1).

Ainsi encore, les Préfets ont le droit, d'après l'art. 39 de la loi du 18 juillet 1837, d'inscrire d'office, au budget des communes, les crédits nécessaires pour l'acquittement des dépenses considérées comme obligatoires par la loi, et que le Conseil municipal refuse de voter. Mais cet article exige que, avant de prendre sa décision, le Préfet adresse au Conseil Municipal une mise en demeure. Si cette formalité n'a pas été remplie, l'arrêté du Préfet est annulé (2).

Et il ne faut pas croire que ces graves irrégularités, si sévèrement qualifiées par le Conseil d'État, soient le fait exclusif des agents du pouvoir central. Les Conseils généraux de département, les Commissions départementales, si jaloux de leur indépendance, ont parfois mé-

(1) Arr. cons., 9 juin 1849 (de Carbon et consorts) — 28 janvier 1858 (Hubert).

(2) Arr., 19 février 1869 (Commune de Tromarey).

connu aussi le droit réservé aux Conseils municipaux de faire entendre leur avis à l'occasion du classement ou du déclassement des chemins vicinaux (1).

Enfin il y a excès de pouvoirs (ceci est assez délicat), quand un agent de l'administration, tout en faisant un acte de sa compétence, et en suivant les formes prescrites par la législation, use de son pouvoir discrétionnaire pour des cas et pour des motifs autres que ceux en vue desquels ce pouvoir lui a été attribué.

Voici une affaire de cette nature dans laquelle le Conseil d'Etat et la Cour de cassation n'ont pas été d'accord ; et dont la solution définitive montre que la juridiction administrative est parfois mieux placée que l'autorité judiciaire pour protéger les droits des citoyens.

Les gares et stations des chemins de fer sont, comme les chemins de fer eux-mêmes, des dépendances du domaine public. L'article 1er de l'ordonnance du 15 novembre 1846 charge les Préfets de régler l'entrée, le stationnement et la circulation des voitures publiques ou particulières, destinées soit au transport des personnes, soit au transport des marchandises, dans les cours dépendant des stations. Ces arrêtés ne peuvent être exécutoires qu'en vertu de l'approbation du Ministre des Travaux publics.

Le rapport au roi, qui exposait les motifs de l'ordonnance de 1846, expliquait que l'intervention de l'administration était nécessaire pour prévenir les conflits qui

_____

(1) Arr., 14 février 1873 (Commune de Saint-Pierre-le-Moutier) — 8 août 1873 (Vion) — 19 mars 1875 (Piron), etc.

s'étaient élevés plusieurs fois entre les compagnies et des entrepreneurs de voitures publiques et qui avaient même donné lieu à des débats judiciaires. La circulaire ministérielle du 31 décembre 1846 indiquait, à son tour, qu'il ne s'agissait là que d'une mesure d'ordre et de police.

Néanmoins, sur la demande des compagnies, qui cherchaient à assurer aux voyageurs des correspondances régulières, à tous les trains, l'administration avait consenti à admettre que les préfets pourraient user du pouvoir que leur donne l'article 1er de l'ordonnance de 1846, pour réserver l'entrée et le stationnement dans la cour de la gare aux entrepreneurs de voitures publiques qui auraient traité, dans ce but, avec la compagnie. Les autres entrepreneurs de voitures publiques se trouvaient ainsi privés de la faculté d'entrer dans la gare. Il y avait là, assurément, un but louable; mais la mesure était-elle légale?

L'autorité judiciaire avait été amenée à se prononcer sur ce point par des poursuites exercées contre des maîtres d'hôtel de Fontainebleau qui avaient introduit leurs voitures spéciales dans la gare, malgré l'arrêté du préfet (1). Elle avait admis que le préfet n'avait pas excédé la limite de ses pouvoirs, ni en interdisant l'entrée de la gare à tous les entrepreneurs de voitures qui n'avaient pas traité avec la compagnie, ni en subordonnant l'entrée dans la cour de la gare à une autorisation préalable, donnée sous la condition de desservir tous les trains de

(1) Arr. cassation, 6 décembre 1862 (Lesbats) — 25 août 1864 (idem).

jour et de nuit. Mais le Conseil d'État, saisi d'un recours pour excès de pouvoirs, a, au contraire, par deux fois, annulé les arrêtés du préfet, en se fondant sur ce que l'article 1er de l'ordonnance de 1846 ne tendait qu'à assurer le maintien du bon ordre dans un lieu destiné à un usage public, et que le préfet ne pouvait pas se servir de son autorité pour intervenir dans les conditions de la concurrence entre les diverses entreprises qui font le service des correspondances de la station à la ville et réciproquement (1). Les gares sont donc devenues accessibles à toutes les voitures, sous la réserve des mesures d'ordre qui peuvent être nécessaires.

Ainsi encore les propriétaires riverains des voies publiques sont obligés de demander à l'administration l'alignement avant de bâtir sur leurs terrains. L'administration peut-elle refuser de délivrer cet alignement par le motif qu'elle a le projet de créer plus ou moins prochainement une rue nouvelle qui traverserait le terrain où le propriétaire se propose de bâtir? Peut-elle, par ce moyen, empêcher de bâtir sur le terrain qu'elle devra exproprier plus tard? Non. Il y a là un excès de pouvoir, car si le législateur a obligé les riverains à demander à l'administration la limite séparative de leurs terrains et de la voie publique, c'est uniquement pour empêcher l'empiètement sur le domaine public réservé à la circulation; ce n'est pas pour paralyser entre leurs mains la jouissance de leurs terrains jusqu'au moment où des voies nouvelles seront ouvertes. De

(1) Ann. cons., 25 février 1864 (Lesbals) — 7 juin 1865 (idem).

nombreuses décisions ont été rendues en ce sens, de 1866 à 1871, contre le Préfet de la Seine (1).

L'application de la loi du 2 août 1872, qui attribue à l'État le monopole de la fabrication des allumettes chimiques, après expropriation des fabriques existantes, a donné lieu à une décision analogue. Le ministre des finances, convaincu qu'il ne devait d'indemnité qu'aux fabriques régulièrement autorisées dans les conditions prévues par la législation sur les ateliers dangereux, insalubres et incommodes, avait invité les préfets à prescrire la fermeture des fabriques qui n'avaient pas d'autorisation. Il espérait préjuger ainsi la question d'indemnité. Un industriel, frappé par cette mesure, a réclamé, devant le Conseil d'État, et la décision du préfet a été annulée par le motif que c'était dans l'intérêt du Trésor, sur les instructions du ministre des finances et non en vue de la salubrité ou de la sécurité publique que le préfet avait ordonné la fermeture de la fabrique (2). Nous pourrions multiplier les exemples de ces cas de détournement de pouvoirs. Il suffit d'avoir indiqué quelques types. Ce n'est plus ici la violation du texte de la loi qui est réprimée, c'est la violation de son esprit. Ce n'est plus seulement le dispositif de l'acte attaqué qui est examiné, ce sont ses motifs, c'est l'intention qui l'a dicté. Il est difficile de pousser plus loin la recherche scrupuleuse de la légalité.

(1) Arr., 3 mai 1866 *(Letellier-Delafosse)* et autres.

(2) Arr. cons., 26 novembre 1875 *(Parisot)* — *idem Laumonnier-Carriol)*.

IV

Mais le contrôle du Conseil d'État n'a-t-il pas ses limites ?

Le Conseil a paru craindre lui-même qu'en donnant à toutes les réclamations formées contre les actes des agents de l'administration le caractère d'un recours pour excès de pouvoirs, on n'arrivât à lui constituer une juridiction universelle au détriment de toutes les autres juridictions.

Pendant longtemps, la jurisprudence a décidé invariablement qu'un recours pour excès de pouvoirs n'était pas recevable toutes les fois que, en cas d'application de l'acte attaqué, la juridiction administrative ou l'autorité judiciaire pouvait en apprécier la légalité et faire droit aux réclamations qui s'élevaient a ce sujet. On pensait qu'il était inutile d'ouvrir un double recours contre les mêmes actes. Le Conseil voyait surtout de graves inconvénients à se prononcer sur les actes dont la légalité pouvait être appréciée par l'autorité judiciaire, parce que, dans ce cas, les deux autorités, agissant dans le cercle de leur compétence respective, pouvaient rendre des décisions contradictoires et que le dernier mot ne lui appartenait pas si l'acte n'était pas annulé.

On sait, en effet, que le principe de la séparation de l'autorité administrative et de l'autorité judiciaire comporte des exceptions d'une assez grande importance. Si le contentieux des contributions directes est attribué aux conseils de préfecture, le contentieux des contributions indirectes, des droits de douane et autres impôts analogues est déféré aux tribunaux de l'ordre judiciaire. De plus, quand l'administration, pour forcer les citoyens à l'exécution des règlements qu'elle a cru devoir prendre, les poursuit devant l'autorité judiciaire, les tribunaux ont le droit, en vertu de l'article 471 n° 15 du Code pénal, de vérifier si les règlements sont légalement faits, et quand la légalité ne leur paraît pas établie, ils refusent d'appliquer la peine, ce qui fait tomber l'acte administratif, dépourvu de sanction.

Beaucoup de décisions ont refusé d'admettre, en pareil cas, un double recours.

Nous retrouvons cette doctrine dans des décisions récentes. Ainsi, en 1876, un propriétaire attaquait directement un arrêté de préfet, pris sans enquête, qui avait autorisé un boucher à établir une tuerie, établissement rangé parmi les ateliers dangereux, insalubres et incommodes. Le conseil a repoussé son recours par le motif qu'aux termes du décret du 15 octobre 1810, les oppositions des tiers aux arrêtés des préfets portant autorisation de créer des ateliers insalubres de la seconde classe doivent être portées devant le conseil de préfecture, sauf recours au conseil d'État (1).

La question s'est présentée plus fréquemment pour le cas où le contentieux normal de la matière rentrait dans les attributions de l'autorité judiciaire. Ainsi plusieurs loueurs de voitures de Paris attaquaient, pour excès de pouvoirs, un arrêté du Préfet de la Seine qui fixait le tarif du droit qu'ils auraient à payer à l'occasion

(1) Arr. cons., 14 janvier 1876 *(Regnault)* — 25 février 1876 *(Duboys d'Angers)*.

du stationnement de leurs voitures sur la voie publique. Le Conseil d'État a décidé que, en statuant sur la perception de ce droit, dont le recouvrement a lieu comme celui des contributions indirectes, l'autorité judiciaire pourrait apprécier la légalité de l'arrêté attaqué. Il a rejeté le recours comme non recevable (1).

Il a fait de même pour un règlement de police municipale relatif au commerce de la boulangerie (2).

Toutefois nous devons dire que le Conseil a admis assez fréquemment des recours pour excès de pouvoirs dirigés contre des règlements de police émanés des Préfets et des Maires, sans paraître se préoccuper de la possibilité d'une contradiction entre ses décisions et celles de la Cour de Cassation.

Ainsi il a annulé un arrêté du Maire de la commune de Trouville-sur-Mer, qui imposait à tous les baigneurs l'obligation de payer une taxe au percepteur de l'établissement de bains organisé par la commune, alors même qu'ils ne servaient pas des cabanes de cet établissement. Cette mesure a été considérée comme portant atteinte au droit qui appartient à tout le monde d'accéder librement au rivage de la mer (3).

Il a annulé la disposition d'un arrêté de police d'un Maire qui prescrivait aux propriétaires riverains de la

(1) Arr. cons., 19 mai 1865 (*Barthélemy et autres*). — Voir dans le même sens, 28 février 1866 (*Lavenant*) et 19 février 1868 (*Compagnie du chemin de fer d'Orléans*).

(2) Arr. cons., 4 février 1869 (*Mazet*).

(3) Arr. cons., 19 mai 1858 (*Vernes*). — Voir aussi les arrêts du 30 juin 1857 (*Turrel et autres tripiers de Lyon*) — 22 septembre 1859 (*Corbin*) — 30 mars 1869 (*Leneveu*).

voie publique, de faire arracher l'herbe dans les interstices des pavés, chacun au droit de leurs propriétés (1).

Il a annulé un arrêté.par lequel un Maire réglait la vente à la criée, du poisson, des légumes et des fruits sur le marché municipal, en vue de garantir les petites industries contre la concurrence (2).

Comment peut-on concilier les arrêts que nous venons de citer, avec ceux qui ont déclaré non recevables des recours formés contre des actes qui paraissent de la même nature ?

Quelques écrivains ont relevé ces contradictions ; ils ont pressé le Conseil d'État de se dégager des tendances restrictives qui ont inspiré plusieurs de ces décisions, et de reconnaître la recevabilité des recours pour excès de pouvoirs dans tous les cas, sans distinguer entre ceux où il existe une autre voie de recours, soit devant la juridiction administrative, soit devant l'autorité judiciaire, et ceux où il n'y a pour les citoyens, aucun autre moyen de se faire rendre justice (3). On a fait valoir que le texte de la loi des 7-14 octobre 1790 et de l'article 9 de la loi du 24 mai 1872 est très-large et ne comporte aucune distinction, qu'il n'y a rien de contraire aux principes généraux dans la coexistence de

(1) Arr. cons., 20 décembre 1872 *(Billette).*
(2) Arr. cons., 3 décembre 1875 *(Clairouin).*
(3) Nous devons signaler en ce sens un article publié dans la *Revue critique de législation et de jurisprudence* en 1870, par M. Rozy, professeur de droit administratif à la Faculté de Toulouse, et un travail publié dans la même revue en 1876, par M. Paul Collet, avocat au Conseil d'État.

deux voies de recours parallèles entre lesquelles le jus-
ticiable pourrait choisir, surtout si l'une de ces voies,
spéciale à un ordre de griefs particulièrement grave,
l'excès de pouvoir, est plus rapide et moins onéreuse.
On a ajouté qu'il est de l'intérêt public que l'ordre,
troublé par les excès de pouvoirs, soit rétabli le plus
promptement possible, avant que l'acte attaqué ait pu
recevoir son exécution.

Nous ne contesterons ni la gravité de ces considéra-
tions, ni les contradictions qu'on reproche à la jurisprudence du Conseil d'État. Il ne faut pas s'étonner qu'une
doctrine créée tout entière par la jurisprudence, et qui
touche à des questions si variées, ne se soit pas assise
avec la même fermeté que si le législateur en avait lui-
même posé les bases. Du reste, les contradictions que
l'on a signalées dans les décisions relatives aux recours
contre les règlements de police peuvent être expliquées
dans une certaine mesure. Le Conseil d'État n'a pas hé-
sité à faire tomber des actes qui lui paraissaient entachés d'un excès de pouvoirs flagrant, surtout quand on
ne pouvait pas les rattacher à l'exercice des pouvoirs attri-
bués par le législateur à l'autorité dont ils émanaient ;
mais il semble ne s'être décidé à reconnaître la légalité
des arrêtés attaqués que dans les cas où la question n'é-
tait pas de nature à soulever une controverse sérieuse,
et où il n'avait pas lieu de penser que le débat serait
repris devant l'autorité judiciaire. Nous ne disons pas
qu'il y ait là une base pour une doctrine juridique. Suivant nous, ce scrupule est regrettable ; car il a contribué
à jeter le trouble dans l'esprit de ceux qui demandaient
une règle à la jurisprudence du Conseil. Il faut s'atta-

cher à la nature de l'acte attaqué, et non à la nature de la décision qui pourrait être rendue par le juge, pour déterminer si un recours est recevable. C'est le seul point de vue auquel une partie puisse se placer quand elle cherche le moyen de se faire rendre justice.

Il faut donc examiner quelle est la doctrine qui devrait prévaloir. Nous inclinons à penser que si le recours, ouvert par la loi des 7-14 octobre 1790 et par la loi du 24 mai 1872, dispense les citoyens de passer par les divers degrés de la hiérarchie administrative, il n'est pas destiné à remplacer tous les autres recours ouverts, soit devant les juridictions administratives, soit devant l'autorité judiciaire, dans le cas où l'on peut invoquer, contre l'acte attaqué, un grief qualifié d'excès de pouvoirs. Il n'y a pas de raison suffisante pour déroger à l'ordre des juridictions établi par des textes spéciaux, lorsque les citoyens ont un autre moyen direct de faire tomber l'acte qui leur fait grief, et d'en empêcher l'exécution à leur égard. Il n'est même pas sans inconvénients qu'un acte, touchant à des intérêts collectifs et qui était la base d'une opération utile, disparaisse sur la plainte d'un seul intéressé, à raison d'un vice de forme qui aurait pu être couvert par l'assentiment général, si le réclamant peut obtenir personnellement justice, par une voie qui lui donne complète satisfaction.

Cependant nous n'entendons pas par là admettre la doctrine qui déclare le recours pour excès de pouvoirs non recevable, toutes les fois que les parties peuvent faire valoir leurs droits d'une manière quelconque,

devant une juridiction. Il faut d'abord, suivant nous,
pour que le recours puisse être écarté, que les citoyens
aient un autre moyen d'empêcher l'exécution de l'acte
attaqué, et de se préserver des préjudices auxquels ils
seraient exposés. Ainsi une action qui leur permettrait
d'obtenir une indemnité, ne ferait pas double emploi
avec le recours pour excès de pouvoirs. En second lieu,
il nous semble qu'il faut distinguer, parmi les recours
qui peuvent être portés devant l'autorité judiciaire, les
actions par la voie civile, et la défense à une poursuite
pour infraction à la loi. Sans doute il est légitime de
renvoyer un citoyen à discuter, devant le Tribunal civil,
la légalité d'une taxe indirecte. Mais il est bien rigou-
reux de lui refuser d'examiner la réclamation qu'il
forme contre un règlement administratif, en lui objec-
tant qu'il peut désobéir à l'arrêté attaqué, et, s'il est
poursuivi devant le juge de police ou le juge correc-
tionnel, échapper à la peine encourue en contestant la
légalité de l'acte auquel il aura commis une infraction.
Il y a là des risques de différente sorte à courir, et
plutôt que de les affronter, beaucoup de gens suppor-
teraient une mesure illégale. On ne peut pas imposer au
premier venu, l'obligation d'avoir toute l'énergie qui a
rendu Hampden si célèbre. Le droit de défense contre des
poursuites devant la justice criminelle, n'est pas l'équi-
valent d'un recours direct qui fait disparaître l'acte attaqué, et en empêche l'exécution à l'égard de l'intéressé.
Il ne doit donc pas faire obstacle au recours pour excès
de pouvoirs.

On a vu qu'un grand nombre d'arrêts du Conseil

d'État sont d'accord avec cette doctrine, qui, sans trop restreindre la faculté des recours pour excès de pouvoirs, évite de l'étendre outre mesure, et donne une satisfaction légitime aux justiciables.

C'est d'ailleurs uniquement à l'égard des actes de l'autorité administrative que ce contrôle s'exerce. Le Conseil d'État ne peut être saisi de recours contre les actes de gouvernement proprement dits, pas plus qu'il ne peut prononcer sur les demandes d'indemnités auxquelles ces actes donneraient lieu. Là encore il y a une limite à son action, et il a plusieurs fois appliqué cette doctrine à des actes de l'ordre politique ou diplomatique (1). Mais il ne faut pas croire que les citoyens soient privés par là des garanties nécessaires contre les actes arbitraires, inspirés par des raisons politiques, qui, en dehors de l'exercice des pouvoirs constitutionnels du Gouvernement, porteraient atteinte à leur état civil, à leur liberté ou à leur propriété. Dans ce cas, en effet, ils auraient le droit de se placer sous la protection de l'autorité judiciaire. C'est une thèse que nous avons plusieurs fois soutenue, mais dont les développements nous entraîneraient trop loin.

Telles sont les doctrines du Conseil en matière de recours pour excès de pouvoirs. Quand on rapproche les résultats considérables de cette jurisprudence de son point de départ, on éprouve quelque étonnement. Quand on arrive à se rendre compte de l'étendue des garanties

(1) Arr. 5 janvier 1855 *(Boulé)* — 9 mai 1867 *(duc d'Aumale)* — 14 mars 1873 *(Goulet)*, etc.

qu'elle offre aux citoyens, on ne peut manquer d'é-
prouver aussi un sentiment de gratitude pour les émi-
nents magistrats, nos devanciers et nos maîtres, qui,
avec une persévérance infatigable, et en se transmettant
fidèlement la même tradition pendant plus de cinquante
ans, ont réalisé cette œuvre de bien public.

Orléans. — Imp. Ernest COLAS.

www.ingramcontent.com/pod-product-compliance
Lightning Source LLC
Chambersburg PA
CBHW071329200326
41520CB00013B/2924